VEGETARISCH GRILLEN

VEGETARISCH GRILLEN

Karen Schulz // Maren Jahnke
Mit Fotografien von Wolfgang Kowall

UMSCHAU

REZEPTE VEGAN ZUBEREITEN

Einige der Rezepte dieses Buches sind vegan und mit einem (V) gekennzeichnet.

Viele andere können vegan zubereitet werden, indem man wenige Zutaten austauscht.

VEGETARISCH	VEGAN
Butter	vegane Margarine
Milch	Sojamilch
Sahne	Sojasahne
Joghurt	Sojajoghurt
Frischkäse	veganer Frischkäse
Ziegenkäse	veganer Ziegenkäse
Feta	Sojakäse
Honig	Ahornsirup

Einige Weine oder andere alkoholische Getränke werden mit tierischen Produkten wie Gelatine hergestellt. Es gibt jedoch vegane Alternativen. Informieren Sie sich bei den Herstellern.

INHALT

GENUSS IM FREIEN

Vegetarisch grillen? Als wir von unserem neuen Buchprojekt erzählten, ernteten wir bei Freunden und Familie die unterschiedlichsten Reaktionen – von leicht mitleidig-spöttischem Lächeln (Männer) bis zu totaler Begeisterung darüber, dass damit das Einerlei auf dem Grill ein Ende hätte (Frauen). Letzteres war tatsächlich auch unsere Motivation für dieses Buch.

Als Rezeptentwicklerinnen standen wir der Begeisterung für die archaische Zubereitung von Nahrung über dem offenen Feuer nämlich mittlerweile relativ kritisch gegenüber: Egal in welchem Garten, Park oder auf welcher Strandfläche man im Sommer – oder auch gerne bei grenzwertigeren Temperaturen – zu einem Treffen eingeladen wird, der Grill ist unweigerlich dabei. Und das führt im schlimmsten Fall dazu, dass man mehrmals pro Woche Würstchen oder Nackenkoteletts in Fertigmarinade vorgesetzt bekommt – oder sich als Nicht-Fleischesserin mit einer Folienkartoffel und eventuell noch einem Stück trocken gegrilltem Feta vergnügen soll. Letztlich haben wir dann meist häppchenweise Salate, Brote und Dips verspeist, die den Hauptdarsteller vom Grill eigentlich nur attraktiv einrahmen sollten – und die Grillstücke öfter dankend abgelehnt.

Nach einigen solcher Events war bei uns die Lust an dieser eigentlich so schönen Form des gemeinsamen Kochens und Genießens merklich getrübt.
Und wir fragten uns, ob sich dagegen etwas anderes tun ließe als komplette

Verweigerung. Gemeinsam fingen wir an, von bunten Gemüsespießen, raffiniert gefüllten Gemüsestücken und aromatisch bepinselten Früchtchen zu träumen. Weil schon beim Ideenfinden klar wurde, dass es nicht um Fleisch oder Fisch gehen würde, war unsere Idee geboren: Wir versorgen uns vom Grill mit vegetarischen Rezepten!

Wir haben uns von Zubereitungsweisen aus aller Welt inspirieren lassen und viel mehr als das übliche Sortiment aus der Gemüsekiste oder von der Käsetheke in neuen Kreationen aufgespießt, umwickelt oder eingerollt. Mit würzigen Marinaden oder selbst gemachten Gewürzmischungen versehen, kamen so viele fleischlose Gaumen-freuden auf unseren „Test-Grill". Dass wir damit beileibe kein reines Frauenbuch schreiben, wurde uns beim Ausprobieren und Tüfteln klar: Denn selbst unsere männlichen Testesser ließen sich von dem einen oder anderen Rezept zu der Aussage „hm, fast besser als Fleisch!" hinreißen – und langten erstaunlich kräftig zu.

Ob auf Ihrem Grill nur Vegetarisches Platz findet oder sich dieses in Zukunft einfach neben das Fleischsortiment gesellt, ist natürlich Ihre Entscheidung. Auf jeden Fall hoffen wir, dass unsere Rezepte für mehr Abwechslung und Geschmackserlebnisse sorgen und auch Ihre Grillevents damit bunter und genussvoller machen werden!

KAREN SCHULZ UND MAREN JAHNKE

JETZT GEHT'S LOS

ZUTATEN

QUALITÄT

Das Ergebnis beim Kochen hängt von der Qualität der eingesetzten Lebensmittel ab. Damit sich die Mühe lohnt und Essen zum Genuss wird, kaufen wir am liebsten Biolebensmittel.Sie schmecken fast immer besser und intensiver, sind weniger belastet und sorgen außerdem für ein gutes Gewissen, weil ihre Herstellung die Umwelt nicht so strapaziert. Optimal ist es, wenn man sogar den Bauern kennt, der das Gemüse zieht, und ihm vertraut. Beste Qualität bieten Obst und Gemüse vor allem dann, wenn sie Saison haben: Dann punkten sie wegen kurzer Transportwege mit Frische und extra viel Aroma, weil sie bei Sonnenschein im Freien statt im Treibhaus wachsen können.

WO KAUFE ICH EIN?

Der Spaß am Kochen kann schon beim Einkaufen beginnen, wenn man einen gut sortierten Wochen- oder Biomarkt, nette Einzelhandelsgeschäfte oder Bioläden um die Ecke hat. Die meisten der verwendeten Zutaten bekommt man auch im gut sortierten Supermarkt, manches eher im Feinkost-, Bio- oder Asialaden. Auch das Internet mausert sich nach und nach zu einer guten Quelle, gerade für ungewöhnlichere Lebensmittel und Gewürze.

WIE BEREITE ICH VOR?

Beim Grillen verlagert sich ein großer Teil der Zubereitung von der Küche weg ins Freie – und man genießt im Idealfall den Blick ins Grüne, während man entspannt das Grillgut wendet. Trotzdem entfällt die Arbeit in der Küche nicht ganz: Gemüse, Käse, Tofu etc. müssen geputzt, geschnitten, evtl. mariniert oder gefüllt werden. Vieles lässt sich gut vorbereiten und kann dann bis zum Grillen im Kühlschrank oder in der Kühltasche aufbewahrt werden. Damit Sie nicht in Hektik ausbrechen, weil beispielsweise auch noch Marinierzeit eingeplant werden muss, bitte die Rezepte vorab immer einmal durchlesen. Damit verschaffen Sie sich einen Überblick, was wann zu machen ist. Die Hefeteige für die Brote lassen sich gut vorbereiten und vorab kühlen, ebenso die anderen Beilagen. Salate mit zartem Grünanteil erst unmittelbar vor dem Servieren mit dem Dressing mischen, damit sie nicht schlapp machen. Kartoffeln, Zwiebeln etc. können einen Tag im Voraus vorgegart werden. Und Saucen, Marinaden und Gewürzmischungen lassen sich schon Tage oder sogar Wochen vorher zubereiten und gut verschlossen lagern.

MARINIEREN – WIE LANGE?

Die Marinierzeiten in unseren Rezepten geben i.d.R. die Mindestdauer an. Robuste Gemüse- und Fruchtsorten, die sich nach dem Aufschneiden nicht verfärben, aber auch Sojaprodukte und Käse nehmen eine längere Marinierzeit als angegeben nicht übel, sondern profitieren oft geschmacklich noch davon. Das kann die Vorbereitung zusätzlich entspannter machen, weil Sie früher starten können. Wenn Sie manchen Geschmackszutaten in der Marinade oder Würzmischung eher vorsichtig gegenüberstehen wie z. B. Chili oder Knoblauch, reduzieren Sie diese bei längeren Marinierzeiten oder fügen Sie sie erst später zu.

VEGETARISCHES AUF DEM GRILL: WAS IST ANDERS?

Vegetarische Zutaten enthalten fast immer nur wenig Fett. Das zu wissen ist für die Zubereitung auf dem Grill durchaus wichtig, denn ohne Marinade oder das Bepinseln mit Oliven- oder anderem Pflanzenöl würde dieses Grillgut rasch austrocknen oder gar verbrennen. Gerade Seitan und Tofu, egal ob pur, geräuchert oder in Form von Würstchen, sollten gut beobachtet werden beim Grillen. Beides besteht vor allem aus Eiweiß, und das lässt sich nur mit etwas Know-how und Geduld knusprig grillen. Fangen Sie am besten erstmal mit nur einem oder zwei Rezepten mit diesen Zutaten an und grillen Sie drumherum unkomplizierte Gemüsevariationen. Und pinseln Sie eiweißhaltiges Grillgut besonders häufig und gründlich ein, damit es nicht austrocknet.

PLANUNG

MENGEN

Tipps zur Planung von Mengen für einen Grillabend oder eine Party sind naturgemäß schwierig: Nicht mal die GastgeberInnen, die ja wissen, wen sie eingeladen haben, können mit Gewissheit sagen, wie viel Hunger die Gäste genau heute mitbringen. Auffällig ist, dass Männer meist mehr Gegrilltes als Frauen essen, letztere hingegen mehr von den Salaten und Beilagen.

Planen Sie für einen Grillabend unbedingt mehrere Rezepte aus unserem Buch ein, auch wenn eher die Frauen als Zielgruppe dafür erscheinen – plötzlich finden auch die Männer einen Gemüsespieß, gefüllte Champignons oder ein gegrilltes Panini verführerisch und wollen davon etwas abhaben. Berücksichtigen Sie genug Rezepte mit „Sättigungsanteil" – das können Käse, Sojaprodukte, aber auch Kartoffeln oder Brot sein. Jeder sollte mindestens eine solche Portion bekommen, zusätzlich dann noch ein bis zwei oder mehr Portionen, die eher gemüse- oder fruchtlastig sind. Halten Sie außerdem ausreichend Dips sowie Salate bereit, die einen Sattmacher wie Nudeln, Linsen, Bohnen etc. enthalten. Damit ergänzt man auch leichte Gemüsekombis perfekt. Und natürlich darf Brot nicht fehlen – egal ob es selbst gemacht vom Grill kommt oder dazu gekauft wird.

DER AUFBAU

Bauen Sie den Grill immer mit ausreichend Abstand zu den Nachbarn und zum Haus auf, damit sich niemand davon gestört fühlt und sorgen Sie dafür, dass er fest und sicher steht. Machen Sie es sich leicht und stellen Sie gleich noch ein Tischchen daneben, auf dem Geräte zum Grillen, rohes Grillgut und auch fertig Gegrilltes abgestellt werden können. Außerdem praktisch: Ein Stapel Teller oder Platten zum Transportieren der Grillgerichte zum Esstisch – sie werden meist von den Essern sofort annektiert und nicht zum Grill zurückgeschickt, daher sollten hier ausreichend Exemplare zur Verfügung stehen. Wenn mit Feuer gearbeitet wird, sollten Sie außerdem Löschmittel bereitstellen: eine Löschdecke, einen Eimer mit Sand oder einen Feuerlöscher. Legen Sie noch Ofenhandschuhe oder große Topflappen parat, damit sich niemand die Finger verbrennt – und halten Sie trotzdem im Kühlschrank oder in der Kühltasche ein Brandwundgel bereit, das schnell Linderung verschaffen kann.

DAS GRILLEN

VORHEIZEN

Gerade beim Grillen auf Kohle ist es fast unvermeidlich, dass die Kohle nicht zum gewünschten Zeitpunkt grillbereit ist – vielleicht ist das eine Art Grill-Paradox? Wir raten trotz der Erfahrung, dass man Grillmeistern in dieses Thema nicht reinreden kann, zu einem frühzeitigen Anheizen des Grills, damit die Kohle nicht mehr brennt, sondern schön durchgeglüht ist, wenn man mit dem tatsächlichen Grillen beginnen möchte. Selbstverständlich gilt rechtzeitiges Vorheizen auch für andere Grillgeräte.

GARDAUER

Viele Grillmeister schwören auf ihr Gerät. Da gibt es natürlich Unterschiede, je nachdem ob man auf dem klassischen Holzkohlegrill, einem Gas- oder Elektrogrill oder aber unter dem Grill im Backofen tätig wird: Gerade bei letzterem kann man die Temperatur oft genau einstellen, während z. B. die Holzkohle einfach irgendwann „schön heiß" ist. Weil zusätzlich zur unterschiedlichen Temperatur auch noch der Abstand des Rostes von der Hitzequelle, das Grillverhalten (häufig wenden oder lieber brutzeln lassen?) und der gewünschte Bräunungsgrad variieren, sind die Garzeiten in unseren Rezepten als Richtwerte zu verstehen. Ob etwas roh bleibt, ist zwar beim vegetarischen Grillen in erster Linie eine Frage von weniger Essgenuss und nicht der Gesundheit. Aber wir raten trotzdem dazu, der eigenen Erfahrung und Einschätzung zu vertrauen, wenn etwas schneller oder langsamer fertig erscheint – und die im Rezept angegebene Grillzeit anzupassen.

GERÄTE

Wer im Freien kochen will, kommt mit der klassischen Küchenausstattung nicht ganz hin, ein paar zusätzliche Utensilien sind nötig oder einfach nur praktisch:

PINSEL

Um Marinaden oder Öl gleichmäßig auf dem Grillgut zu verteilen, sind Pinsel beim Grillen unabkömmlich. Wichtig bei der Auswahl ist ihre Hitzebeständigkeit, schließlich soll bei den heißen Grilltemperaturen nichts verschmoren. Der Klassiker kommt mit Naturborsten daher – achten Sie auf gute Qualität, damit diese nicht beim Bepinseln ausfallen und am Essen kleben bleiben. Gut belastbar sind auch Pinsel aus Silikon, die nachher unproblematisch in der Spülmaschine gereinigt werden können. Unser Tipp für Extra-Aroma: der Kräuterpinsel. Dafür am besten stabile Kräuterzweige wie Rosmarin, Thymian oder Lavendel mit Küchengarn zusammenbinden und damit Öl oder Marinaden auftragen (siehe Seite 13).

SPIESSE

Investieren Sie am besten in Metallspieße – sie haben einige Vorteile: Man kann sie immer wieder verwenden, sie leiten die Hitze vom Grill ins Innere der aufgepiekten Stücke und helfen von innen heraus beim Garen und sie verbrennen auch bei wenig Abstand zur Kohle nicht. Wenn nur Spieße aus Holz oder Bambus zur Hand sind, diese vorher gut wässern, das verzögert ein Verbrennen. Oder das Holz einfach beim Einpinseln mit einölen. Raffiniert sind Spieße, die eine zusätzliche Geschmacksnote geben: Grillstücke dafür auf dicke Kräuterzweige (wie Rosmarin) oder Zitronengrasstangen spießen. Das Wenden von Spießen ist übrigens manchmal fast ein „Spießrutenlauf" – wenn sich nämlich die aufgepiekten Stücke partout nicht mitwenden wollen, und man nur den Spieß selbst dreht und dreht. Dagegen hilft es, zwei Spieße parallel zu verwenden oder schon eigens dafür gedachte Doppelspieße (Foto Seite 38, Pimientos-Spieße) zu kaufen.

GRILLZANGEN

Das vielleicht wichtigste Utensil am Grill ist die Zange. Nur sie sorgt dafür, dass die Finger unverbrannt bleiben, obwohl man in der Nähe größter Hitze arbeitet. Ganz wichtig: Sie sollte präzise greifen, im Grunde wie eine überdimensionierte Pinzette. Wir mögen die handgefertigten Holzzangen von www.oz-goods.de besonders gerne, weil sie wie Handschmeichler in der Hand liegen und auf den Punkt genau zugreifen. Wählen Sie die Länge der Zange anhand der Grillgröße aus – mit einer kleinen Küchenzange wird man auf dem großen Außengrill nicht gut arbeiten können, ohne sich zu verbrennen.

ALUGRILLSCHALEN

Wenn das Grillgut sehr kleinteilig oder weich ist oder von Marinade so durchtränkt, dass es stark tropft, sollte es nicht direkt auf dem Rost über den Kohlen zubereitet werden. Was dort hineintropft oder -fällt, verbrennt und sorgt für ungesunde Rückstände am

Essen. In solchen Fällen besser eine Alugrillschale verwenden, die auf den Rost gestellt wird. Dieses Hilfsmittel erfordert allerdings etwas Geduld, denn es verlangsamt den Grillprozess dadurch, dass die Hitze nicht mehr direkt ans Gegrillte gelangt. Daher am besten die Rezeptauswahl so zusammenstellen, dass nicht alles auf der Grillschale zubereitet werden muss — und die Leckereien direkt vom Rost schon mal den ersten Hunger stillen können.

GRILLGITTER

Diese praktischen Gitter zum Einklemmen des Essens kennt man vor allem vom Fische-Grillen — aber auch in der vegetarischen Grillpraxis können sie hilfreich sein: zum Beispiel beim Grillen von ganzen Maiskolben oder anderen großen Stücken wie Porreestangen, Tomaten oder halbierten Paprikaschoten. Sind diese sicher hinter Gitter gebracht, können die Stücke beim Wenden nicht durch den Rost entwischen und bekommen trotzdem maximale Hitze ab.

AUFGESPIESST

CHAMPIGNONS MIT PINIENKERNFÜLLUNG

15 g Pinienkerne
1 Schalotte
ca. 3 Salbeistiele
125 g Doppelrahmfrischkäse
24 mittelgroße Champignons
(ca. 350 g)
Olivenöl zum Bepinseln
Salz und frisch gemahlener
schwarzer Pfeffer

4 Metallspieße
Alugrillschale

Pinienkerne in einer Pfanne ohne Fett anrösten, auf einem Teller abkühlen lassen, dann grob hacken. Schalotte schälen und hacken. Salbei waschen, trocken tupfen, Blätter abzupfen, einige große beiseitelegen. Übrigen Salbei fein hacken und mit Frischkäse, Schalotte und Pinienkernen vermengen. Mit Salz und Pfeffer kräftig würzen.

Champignons putzen und die Stiele entfernen. Jeweils ca. 1 TL Füllung hineinstreichen. Je sechs Pilze paarweise mit der Füllung zueinander auf einen Spieß schieben, dazwischen die übrigen Salbeiblätter aufspießen.

Spieße rundherum dünn mit Öl bepinseln und auf einer Alugrillschale auf dem heißen Grill 8–10 Minuten unter Wenden grillen.

TIPP Dazu schmecken die Rosmarinfladen (Rezept Seite 126) oder der Bohnen-Couscous-Salat (Rezept Seite 119).

ROSMARIN-KARTOFFEL-SPIESSE

4 SPIESSE

1 Kartoffeln gründlich waschen und in kochendem Wasser 15–20 Minuten garen. Abgießen, kalt abschrecken und etwas ausdampfen lassen. Rosmarinzweige waschen, trocken tupfen und die unteren Nadeln abstreifen.

2 Knoblauch schälen und mit den abgezupften Rosmarinnadeln fein hacken. Beides mit Öl verrühren und mit Salz und Pfeffer würzen. Kartoffeln vorsichtig auf die Rosmarinstiele schieben. Mit dem Rosmarinöl rundherum bestreichen und auf dem heißen Grill unter Wenden etwa 5 Minuten grillen. Dabei immer wieder mit dem Öl bestreichen. Nach Belieben nachsalzen.

> **TIPP** Dazu schmeckt die Oliven-Mandel-Tapenade (Rezept Seite 115).

500 g kleine, neue Kartoffeln mit dünner Schale
4 lange, kräftige Rosmarinzweige (ca. 25 cm)
1 Knoblauchzehe
4 EL Olivenöl
Meersalz und frisch gemahlener schwarzer Pfeffer

MARINIERTER TOFU AM SPIESS

6 SPIESSE

2–3 TL Zitronengras-Gomasio
(5–7,5 g, Rezept Seite 104)

4 EL Teriyaki-Marinade

5 EL Pflanzenöl

250 g fester Tofu

100 g Shiitakepilze

12 Mini-Maiskolben
aus dem Glas (ca. 100 g)

12 Limettenblätter

6 Metallspieße

Gomasio, Teriyaki-Marinade und Öl verrühren. Tofu abtropfen lassen und in zwölf Würfel schneiden. In der Marinade wenden und zugedeckt mindestens 2 Stunden im Kühlschrank durchziehen lassen.

Pilze putzen. Maiskolben abtropfen lassen. Tofu aus der Marinade nehmen, dabei die Marinade auffangen. Würfel abwechselnd mit Pilzen, Limettenblättern und Maiskolben auf die Spieße schieben. Auf dem heißen Grill ca. 6 Minuten grillen, dabei häufig wenden und mehrmals mit der aufgefangenen Marinade bepinseln.

> **TIPP** Dazu schmeckt der Glasnudelsalat (Rezept Seite 123). Die Teriyaki-Marinade und auch die Limettenblätter erhalten Sie in asiatischen Lebensmittelläden.

ZITRONIGE ZUCCHINI-FETA-SPIESSE

Feta in große Würfel schneiden. Pfefferbeeren zerstoßen. Zitrone heiß waschen, die Schale einer halben Zitrone fein abreiben und die Hälfte auspressen. Olivenöl, Zitronensaft und -schale mit den zerstoßenen Pfefferbeeren und etwas Salz verrühren. Fetawürfel damit vermengen und mindestens 30 Minuten ziehen lassen.

Zucchini putzen, waschen, trocken tupfen und längs in etwa 3 mm dicke Scheiben schneiden bzw. hobeln. Restliche Zitronenhälfte in Stücke schneiden. Fetawürfel aus dem Würzöl nehmen, je einen Fetawürfel in eine Zucchinischeibe wickeln. Je drei Stück auf einen Spieß stecken. Mit einem Stück Zitrone abschließen.

Die Spieße auf dem heißen Grill unter Wenden 8–10 Minuten grillen. Dabei mit dem restlichen Zitronen-Pfeffer-Öl bepinseln.

TIPP Dazu schmeckt der Minzjoghurt (Rezept Seite 112) oder die bunte Brötchensonne (Rezept Seite 128).

4 SPIESSE

200 g Feta
1 TL rosa Pfefferbeeren
1 unbehandelte Zitrone
2 EL Olivenöl
2 Zucchini (à ca. 200 g)
Salz

4 Metallspieße

CAPRESE-SPIESSCHEN

1 großes Bund Basilikum
1 TL Anissamen
6 EL Olivenöl
1 Knoblauchzehe
250 g gelbe und
rote kleine Kirschtomaten
150 g Mini-Mozzarellakugeln
Salz und frisch gemahlener
schwarzer Pfeffer

6 Metallspieße
Alugrillschale

Basilikum waschen, trocken schütteln und Blätter abzupfen. Ein Drittel der großen Blätter beiseitestellen, übriges Basilikum fein hacken. Anis im Mörser fein zerreiben, mit dem gehackten Basilikum und dem Olivenöl verrühren. Knoblauch schälen, dazupressen und mit Salz und Pfeffer würzen.

Tomaten putzen und waschen. Mozzarellakugeln abtropfen lassen. Beides abwechselnd mit beiseitegestellten, gefalteten Basilikumblättern auf die Spieße schieben.

Spieße mit dem Basilikumöl bestreichen und auf einer Alugrillschale unter Wenden ca. 5 Minuten grillen, bis der Käse weich wird, aber noch nicht schmilzt. Dabei mehrmals mit dem Öl bepinseln.

TIPP Dazu schmeckt der Nudel-Linsen-Salat (Rezept Seite 122).

PROVENZALISCHE SPIESSE

8 SPIESSE

Aubergine putzen, waschen, längs vierteln und in dünne Scheiben schneiden. Schalotten schälen und evtl. halbieren. Tomaten putzen, waschen und halbieren. Artischockenherzen abtropfen lassen und vierteln.

Knoblauch schälen und fein hacken. Mit Olivenöl und Kräutern verrühren. Mit Salz und Pfeffer würzen. Auberginenscheiben, Tomaten, Schalotten und Artischocken abwechselnd auf die Spieße stecken.

Spieße mit dem Würzöl bepinseln und auf dem heißen Grill unter Wenden 8–10 Minuten grillen. Dabei mit dem restlichen Öl immer wieder bepinseln.

TIPP Dazu schmeckt der Bohnen-Couscous-Salat (Rezept Seite 118).

1 Aubergine (ca. 250 g)

8 Schalotten (ca. 150 g)

400 g kleine, feste Tomaten

4 eingelegte Artischockenherzen

1–2 Knoblauchzehen

100 ml Olivenöl

1 TL getrocknete Kräuter der Provence

Salz und frisch gemahlener schwarzer Pfeffer

8 Metallspieße

MEXIKO-SPIESSE

2 Maiskolben
1 rote Paprika
2 rote Zwiebeln
1 reife, feste Avocado
1–2 EL Olivenöl zum Bepinseln
65 g Koriander-Chili-Butter
(Rezept Seite 112)
Salz

6 Metallspieße

Maiskolben aus den Blättern lösen, Fäden entfernen und Kolben in kochendem Salzwasser ca. 40 Minuten vorgaren. Abgießen, abkühlen lassen, dann in 2–3 cm dicke Scheiben schneiden.

Paprika waschen, halbieren, entkernen und in grobe Stücke schneiden. Zwiebeln schälen und in dicke Spalten schneiden. Avocado vierteln, den Stein entfernen und das Fruchtfleisch schälen, dann in Stücke schneiden. Mit Paprika, Maisrädchen und Zwiebelstücken abwechselnd auf die Metallspieße schieben.

Spieße auf dem heißen Grill 10–15 Minuten unter regelmäßigem Wenden grillen, dabei dünn mit Öl bepinseln. Auf eine Platte geben und jeweils etwas Koriander-Chili-Butter darauf zerlassen.

TIPP Dazu passen Taco-Chips. Sie können für die Spieße auch vorgegarte Maiskolben verwenden, wenn es schneller gehen soll.

FLADENBROT-SPIESSE

Tomaten putzen, waschen und in Spalten schneiden. Peperoni abtropfen lassen, größere evtl. halbieren. Fladenbrot und Schafskäse in je zwölf Würfel schneiden. Tomaten, Peperoni, Brot und Schafskäse abwechselnd auf die Metallspieße schieben.

Olivenöl mit Oregano und Sumak verrühren. Mit Salz und Pfeffer würzen. Über die Spieße träufeln und etwa 15 Minuten ziehen lassen. Spieße auf dem heißen Grill unter Wenden etwa 8 Minuten grillen. Dabei mit dem aufgefangenen Gewürzöl bestreichen.

TIPP Sumak ist ein säuerlich schmeckendes, dunkelrotes Gewürz aus der arabischen Küche, das in türkischen Lebensmittelgeschäften erhältlich ist.

2 Tomaten

80 eingelegte milde Peperoni

100 g türkisches Fladenbrot

200 g fester Schafskäse

5 EL Olivenöl

1 TL getrockneter Oregano

1 TL Sumak

Salz und frisch gemahlener schwarzer Pfeffer

6 Metallspieße

BUNTE SOJAWÜRSTCHENSPIESSE

6 SPIESSE

30 g Silberzwiebeln
(aus dem Glas)
1 gelbe Paprika
150 g Kirschtomaten
200 g Soja-Rostbratwürstchen
30 g Tomatenketchup
1 TL Currypulver
1 EL Pflanzenöl
2 EL Orangensaft
Salz und frisch gemahlener
schwarzer Pfeffer

6 Metallspieße

Silberzwiebeln abgießen und abtropfen lassen. Paprika waschen, halbieren, entkernen und in Stücke schneiden. Tomaten putzen, waschen und trocken tupfen. Bratwürstchen in ca. 3 cm lange Stücke schneiden. Ketchup, Currypulver, Öl und Orangensaft verrühren. Mit Salz und Pfeffer würzen.

Zwiebeln, Paprika, Tomaten und Wurststücke abwechselnd auf Metallspieße schieben. Mit dem Curryketchup rundherum bestreichen und auf dem heißen Grill unter Wenden ca. 10 Minuten braten.

TIPP Je nach Geschmack und Vorliebe können ebenso andere vegetarische Würstchen wie z. B. Tofu- oder Weizen-Würstchen mit auf den Spieß.

HALLOUMI-APRIKOSEN-SPIESSE

4–5 SPIESSE

Halloumi unter fließendem Wasser abspülen, trocken tupfen und in gleich große Würfel schneiden. Lauchzwiebeln putzen, waschen und in Stücke schneiden. Aprikosen waschen, trocken tupfen und vierteln, dabei entsteinen.

Halloumiwürfel, Lorbeerblätter, Lauchzwiebel- und Aprikosenstücke abwechselnd auf Metallspieße stecken. Öl und Pfefferwürzmischung verrühren. Spieße damit bepinseln und bis zum Grillen darin marinieren. Auf dem heißen Grill unter Wenden etwa 10 Minuten grillen. Dabei mit dem aufgefangenen Würzöl bestreichen. Nach Belieben etwas salzen.

250 g Halloumi
3 Lauchzwiebeln
4 Aprikosen
ca.10 frische Lorbeerblätter
2 EL Pflanzenöl
1 TL Pfefferwürzmischung
(Rezept Seite 104)
Salz

4–5 Metallspieße

> **TIPP** Statt Halloumi können Sie auch festen Schafskäse oder Feta nehmen. Und anstelle der frischen Aprikosen können auch Aprikosen aus der Dose verwendet werden.

PIMIENTOS-SPIESSE

4 SPIESSE

32 Pimientos de Padrón
(milde, dunkelgrüne
Paprika, ca. 300 g)
60 ml Chili-Minz-Öl
(Rezept Seite 107)
Fleur de sel

4–8 Metallspieße

1 Pimientos waschen und abtropfen lassen. Jeweils acht auf einen Spieß schieben. Unter Wenden 5–7 Minuten auf dem Grill grillen, dabei mehrmals mit dem Chili-Minz-Öl bepinseln.

2 Auf eine Platte geben, mit übrigem Öl beträufeln und mit wenig Fleur de sel bestreuen.

TIPP Einfacher lassen sich die Spieße beim Grillen wenden, wenn Sie jeweils zwei Spieße oder einen Doppelspieß verwenden: Dann können sich die Pimientos darauf nicht von selbst umdrehen.

EINGEWICKELT
UND AUFGEROLLT

HALLOUMIPÄCKCHEN MIT FRUCHTIGER SALSA

Käse unter kaltem Wasser gut abspülen, trocken tupfen und in Würfel schneiden. Mit der Salsa mischen.

Aus der Alufolie vier Stücke schneiden und leicht mit Öl bepinseln. Halloumi-Salsa- Mischung darauf verteilen. Mit je 1 TL Öl beträufeln und mit etwas Pfefferwürzmischung bestreuen. Folie darüber verschließen und auf dem heißen Grill 8–10 Minuten garen.

> **TIPP** Halloumi ist manchmal sehr salzig, daher sollte man ihn vorab probieren und bei Bedarf gründlich abspülen.

4 PÄCKCHEN

250 g Halloumi
4 Portionen fruchtige Salsa
(Rezept Seite 108)
4 TL Olivenöl zzgl. etwas
zum Bestreichen
½ TL Pfefferwürzmischung
(Rezept Seite 104)

Alufolie

BARBECUE-WRAP MIT GEMÜSE

1 Süßkartoffel (ca. 300 g)

2 grüne Paprika

8 Lauchzwiebeln

1 Römersalatherz

Sonnenblumenöl zum Bepinseln

4 Wraps (à ca. 40 g)

4 EL Barbecuesauce mit
Aprikosen (Rezept Seite 111)

Salz und frisch gemahlener
schwarzer Pfeffer

Alugrillschale

Süßkartoffel schälen und in sehr dünne Scheiben hobeln. Paprika waschen, halbieren, entkernen und in Streifen schneiden. Lauchzwiebeln putzen und in Stücke schneiden. Salatherz putzen und vierteln, dabei den Strunk nicht entfernen.

Süßkartoffeln und Paprika auf einer Alugrillschale verteilen, mit etwas Öl bepinseln und ca. 8 Minuten unter Wenden grillen. Salatviertel und Lauchzwiebelstücke mit Öl bepinseln und die letzten 1–2 Minuten unter Wenden mitgrillen. Leicht salzen und pfeffern.

Wraps direkt auf dem Rost 30–60 Sekunden erhitzen, bis sie biegsam sind. Mit je 1 EL Barbecuesauce bestreichen, Gemüse darauf verteilen und aufrollen.

TIPP Servieren Sie die Wraps mit mehr Barbecuesauce zum Dippen.

AUBERGINENPÄCKCHEN MIT RÄUCHERTOFU

Tomaten abtropfen lassen. Tofu in zehn Stücke schneiden und mit Ajvar bestreichen. Aubergine putzen, waschen, trocken reiben und längs in zehn Scheiben schneiden (ca. 3 mm dick). Auberginenscheiben von beiden Seiten mit Öl bepinseln, salzen und pfeffern. Scheiben auf dem heißen Grill unter Wenden 6–10 Minuten braten.

Auberginenscheiben vom Grill nehmen und mit je einem Tofustück und einer getrockneten Tomate belegen. Aufrollen und mit Metallspießchen zusammenstecken. Nochmals unter Wenden ca. 5 Minuten grillen.

TIPP Auberginenpäckchen auf jungem Spinat anrichten.

10 getrocknete, in Öl eingelegte Tomaten (ca. 80 g)
250 g geräucherter Tofu
30 g Ajvar (Paprikamus aus dem Glas)
1 große Aubergine (ca. 500 g)
3 EL Öl
Salz und frisch gemahlener schwarzer Pfeffer

10 kleine Metallspieße

SÜSSE CRÊPES MIT GEGRILLTEN PFIRSICHEN

5 EL Butter

2 Eier (Größe M)

30 g Puderzucker

100 g Mehl

300 ml Milch

120 g Crème fraîche

1 Päckchen Bourbon-
Vanillezucker

1–2 EL Marsala

2 Pfirsiche

Für den Crêpeteig 3 EL Butter zerlassen. Eier und Puderzucker mit dem Schneebesen verquirlen. Mehl und Milch einrühren und ca. 30 Minuten quellen lassen. Flüssige Butter einrühren. Je ½ EL Butter in einer Pfanne (Ø ca. 30 cm) schmelzen und darin je ein Viertel des Teiges zu einem dünnen, goldgelben Crêpe backen.

Crème fraîche, Vanillezucker und Marsala verrühren. Pfirsiche waschen, trocken reiben, halbieren und entsteinen. Pfirsichhälften auf dem heißen Grill unter Wenden ca. 4 Minuten grillen. Vanillecreme auf die Mitte der Crêpes geben. Je eine Pfirsichhälfte darauflegen, Crêpes darumfalten und nochmals 2 Minuten von jeder Seite grillen.

TIPP Statt mit Vanillecreme die Crêpes alternativ mit Nuss-Nougat-Creme bestreichen.

MANGOLD-TOFU-PÄCKCHEN

6 PÄCKCHEN

1 Zitronengrasstange

150 ml Kokosmilch

1 EL Fischsauce

1 TL grüne Currypaste

250 g Tofu

50 g Mungobohnensprossen

6 große Mangoldblätter

(à ca. 60 g)

Pflanzenöl zum Bepinseln

6 kleine Metallspieße

Vom Zitronengras die äußeren, harten Blätter entfernen. Zitronengras in grobe Stücke schneiden. Kokosmilch, Fischsauce, Currypaste und Zitronengras in einem Topf unter Rühren aufkochen und bei schwacher Hitze ca. 10 Minuten köcheln lassen. Zitronengrasstücke entfernen.

Tofu abtropfen lassen und in sechs Stücke schneiden. Mit der Curry-Kokos-Creme vermengen und abgedeckt mind. 30 Minuten marinieren. Sprossen heiß waschen und gut abtropfen lassen. Mangoldblätter gründlich waschen, trocken tupfen und den harten Strunk herausschneiden.

Je ein Stück marinierten Tofu mit etwas Currysauce und einigen Sprossen auf ein Mangoldblatt geben, aufrollen und mit Metallspießchen feststecken. Mit wenig Öl bepinseln und auf dem heißen Grill unter Wenden ca. 10 Minuten grillen.

TIPP Fischsauce und grüne Currypaste sind in asiatischen Lebensmittelläden und gut sortierten Supermärkten erhältlich.

CHINAKOHLPÄCKCHEN MIT GRÜNKERNFÜLLUNG

6 PÄCKCHEN

100 g Porree

1 Schalotte

4 EL Olivenöl

100 g Grünkernschrot

400 ml Gemüsebrühe

6 große Chinakohlblätter
(à ca. 50 g)

100 g Apfel

1 TL Currypulver

Salz und frisch gemahlener
schwarzer Pfeffer

6 kleine Metallspieße

Porree putzen, waschen und in feine Ringe schneiden. Schalotte schälen und fein hacken. In einem Topf 2 EL Öl erhitzen. Porree und Schalotten darin andünsten. Grünkernschrot zugeben und unter Rühren kurz mit anbraten. Brühe angießen und im geschlossenen Topf bei schwacher Hitze ca. 10 Minuten ausquellen lassen. Zwischendurch gelegentlich umrühren.

Chinakohlblätter waschen, den harten Strunk flacher schneiden. Kohlblätter in kochendem Salzwasser etwa 1 Minute blanchieren, kalt abschrecken und nebeneinander auf einem Küchentuch gut abtropfen lassen.

Apfel waschen, vierteln und entkernen. Das Fruchtfleisch in kleine Würfel schneiden. Zum Grünkern geben, kurz mit erhitzen. Mit Curry, Salz und Pfeffer würzen. Füllung in die Mitte der Kohlblätter geben. Blätter zunächst von den Seiten her über die Füllung klappen, dann fest aufrollen. Mit kleinen Metallspießen zusammenstecken und mit dem restlichen Öl rundherum einpinseln. Auf dem heißen Grill unter Wenden ca. 5 Minuten grillen.

TIPP Dazu schmeckt der Minzjoghurt (Rezept Seite 112). Grünkernschrot ist in Bioläden oder Reformhäusern erhältlich.

GEFÜLLTE DATTELN IM FILOTEIG

12 STÜCK

12 frische große Datteln
(ca. 300 g)
25 g Walnusskerne
100 g cremiger Schafskäse
50 g Doppelrahmfrischkäse
½ TL Garam Masala
1 Msp. Zimt
50 g Filoteig
Sonnenblumenöl zum Bepinseln
Salz und frisch gemahlener
schwarzer Pfeffer

Datteln waschen, trocken tupfen, längs einritzen und entsteinen. Walnüsse hacken. Schafskäse und Frischkäse verrühren, Walnüsse untermengen und mit Garam Masala, Zimt, Salz und Pfeffer abschmecken. Datteln damit füllen.

Filoteigblätter nebeneinander einzeln auf einem feuchten Küchenhandtuch ausbreiten, dünn mit Öl bepinseln und in zwölf Rechtecke (ca. 9 x 15 cm) schneiden. Jede Dattel in ein Teigrechteck einwickeln und rundherum erneut mit Öl bepinseln.

Die Datteln auf dem heißen Grill unter Wenden 3–4 Minuten knusprig grillen.

TIPP Dazu schmeckt das Apfel-Mango-Chutney (Rezept Seite 113).

GRATINIERTE KARTOFFELN

Kartoffeln gründlich waschen und in kochendem Salzwasser ca. 25 Minuten weich garen. Abgießen, kalt abschrecken, abtropfen und abkühlen lassen.

Lauchzwiebeln putzen, waschen und in feine Ringe schneiden. Paprika waschen, halbieren, entkernen und fein würfeln. Mais abtropfen lassen. Gouda fein reiben, mit der sauren Sahne vermengen und kräftig mit Cayennepfeffer würzen und leicht salzen. Mit Lauchzwiebeln, Mais und Paprika mischen.

Kartoffeln längs halbieren und mit der Schnittfläche nach oben auf vier geölte Stücke Alufolie verteilen. Gemüse-Käse-Masse daraufgeben und Folie darüber zu Päckchen verschließen. Auf dem heißen Grill ca. 10 Minuten gratinieren.

TIPP Die Kartoffeln können mit der Creme in Folie gewickelt einige Stunden bis zum Grillen im Kühlschrank aufbewahrt werden.

4 Kartoffeln (à ca. 150 g)
2 Lauchzwiebeln
½ rote Paprika
50 g Maiskörner aus der Dose
120 g Gouda
80 g saure Sahne
Öl zum Bepinseln
Salz und Cayennepfeffer

Alufolie

FENCHEL-APFEL-PÄCK-CHEN MIT GORGONZOLA

4 PÄCKCHEN

2 große Fenchelknollen
(à ca. 400 g)
2 säuerliche Äpfel
2 TL Fenchelsamen
Abrieb von
½ unbehandelten Zitrone
6 EL Olivenöl zzgl. etwas zum
Bestreichen
200 g Gorgonzola cremoso
Salz und frisch gemahlener
schwarzer Pfeffer

Alufolie

Fenchel putzen, Fenchelgrün beiseitelegen. Knollen waschen, halbieren, den Strunk entfernen und den Fenchel quer in dünne Scheiben hobeln oder schneiden. Äpfel waschen, vierteln, entkernen und ebenfalls in dünne Scheiben schneiden.

Fenchelsamen im Mörser zerstoßen. Fenchelgrün fein hacken. Beides mit der Zitronenschale, dem Öl und etwas Salz und Pfeffer verrühren. Mit dem Fenchel und dem Apfel mischen.

Aus Alufolie vier Päckchen mit kleinem Rand (20 x 20 cm) formen. In der Mitte ölen, Fenchelmischung hineingeben. Gorgonzola würfeln und darüber verteilen. Die Päckchen offen 8–10 Minuten grillen.

TIPP Dazu schmeckt der Rosmarinfladen (Rezept Seite 127).

WEINBLÄTTER MIT ZIEGENKÄSEFÜLLUNG

8 PÄCKCHEN

Weinblätter auf einem Sieb gründlich abspülen und abtropfen lassen.

Minzblättchen abzupfen und fein hacken. Mit Ziegenfrischkäse und Pistazien vermengen und mit Kreuzkümmel abschmecken.

Weinblätter trocken tupfen, den Stiel ggf. abschneiden. Jeweils 1–2 TL der Creme am Stielansatz auf das Blatt setzen, Seiten darüberschlagen und fest aufrollen. Röllchen rundherum dünn mit Öl bepinseln und auf dem heißen Grill ca. 3 Minuten unter Wenden grillen.

TIPP Manchmal sind eingelegte Weinblätter sehr salzig. Probieren Sie daher am besten zuerst eine kleine Ecke und wässern Sie die Blätter vorab wenn nötig ein paar Stunden in kaltem Wasser.

8 größere, in Lake eingelegte Weinblätter
2 Pfefferminzstiele
150 g cremiger Ziegenfrischkäse
1 EL gehackte Pistazien
ca. ½ TL gemahlener Kreuzkümmel
Öl zum Bepinseln

IM GANZEN GEGRILLT

MANGOS MIT LAUCH-ZWIEBELVINAIGRETTE

2 Lauchzwiebeln
3 TL Waldhonig
3 EL Zitronensaft
5 EL Sonnenblumenöl
4 reife, feste Mangos
Salz und frisch gemahlener
schwarzer Pfeffer

1 Lauchzwiebeln putzen, waschen und fein hacken. Honig, Zitronensaft, Salz und Pfeffer verrühren. Öl unterschlagen und Lauchzwiebeln unterheben.

2 Von den Mangos seitlich vom Kern jeweils zwei dicke Scheiben abschneiden. Fruchtfleisch kreuzförmig einschneiden, dabei nicht durch die Schale schneiden. Schnittflächen dünn mit der Lauchzwiebelvinaigrette bestreichen. Mangohälften mit dem Fruchtfleisch nach unten ca. 3 Minuten grillen. Wenden, weitere 2 Minuten grillen, dabei das Fruchtfleisch erneut mit Vinaigrette bepinseln.

TIPP Dazu schmecken die Pimientos-Spieße (Rezept Seite 38).

MAISKOLBEN MIT KORIANDER-CHILI-BUTTER

4 PORTIONEN

4 Maiskolben
80 g Koriander-Chili-Butter
(Rezept Seite 112)
Salz

1 Blätter und Fäden von den Maiskolben entfernen. Kolben in kochendem Salzwasser 30–40 Minuten vorgaren. Abgießen und gut abtropfen lassen.

2 Maiskolben auf dem heißen Grill unter Wenden etwa 15 Minuten grillen. Dabei mit 4 EL der Koriander-Chili-Butter bestreichen. Nach Belieben mit Salz nachwürzen. Die übrige Butter auf den heißen, fertig gegrillten Maiskolben zerlassen.

TIPP Dazu schmecken die fruchtige Salsa (Rezept Seite 108) und eingelegte Jalapeños aus dem Glas.

65

SOJAFRIKADELLEN MIT OLIVEN

75 g Sojaschnetzel, fein

40 g grüne, mit Paprika
gefüllte Oliven

4–6 Thymianzweige

2 Eier (Größe M)

3 EL Paniermehl

2 EL Olivenöl

Salz und frisch gemahlener
schwarzer Pfeffer

1 Sojaschnetzel mit 200 ml Wasser übergießen und quellen lassen. In der Zwischenzeit die Oliven hacken. Thymian waschen, trocken schütteln, Blättchen von den Stielen zupfen und fein hacken. Oliven, Thymian, Eier und Paniermehl zum Sojafleisch geben und mit 1 TL Salz und etwas Pfeffer würzen.

2 Aus der Sojamasse mit angefeuchteten Händen vier flache Frikadellen formen, mit Öl bepinseln und auf dem heißen Grill unter Wenden ca. 5 Minuten grillen.

> **TIPP** Dazu schmeckt Minzjoghurt (Rezept Seite 112). Sojaschnetzel ist im Bioladen, im Reformhaus oder im gut sortierten Supermarkt erhältlich.

ZUCCHINI MIT SONNEN-BLUMENKERNPESTO

4 PORTIONEN

1 Zwiebel schälen und hacken. Sonnenblumenkerne in einer Pfanne ohne Fett goldbraun rösten. Herausnehmen. 1 EL Öl in der heißen Pfanne erhitzen und die Zwiebelwürfel darin glasig dünsten.

2 Parmesan reiben. Basilikum waschen, trocken tupfen, Blättchen von den Stielen zupfen und grob hacken. Alles mit dem restlichen Öl nicht allzu fein pürieren. Pesto mit Salz und Pfeffer abschmecken.

3 Zucchini putzen, waschen und trocken tupfen. Zucchini schräg von oben ein-, aber nicht durchschneiden. Pesto in die Einschnitte streichen. Je eine Zucchini in ein Stück geölte Alufolie einwickeln und auf dem heißen Grill unter Wenden ca. 20 Minuten garen. Nach Belieben mit Salz und Pfeffer nachwürzen.

TIPP Dazu schmeckt der Wildkräutersalat mit Tomaten (Rezept Seite 124).

1 Zwiebel
60 g Sonnenblumenkerne
8 EL Olivenöl
40 g Parmesan
1 Bund Basilikum
4 Zucchini (à ca. 250 g)
Olivenöl zum Bestreichen
Salz und frisch gemahlener
schwarzer Pfeffer

Alufolie

GEGRILLTER SPARGEL MIT ZIEGENKÄSE

1 Bund grüner Spargel
(ca. 500 g)
50 g Ziegenkäserolle
75 ml Estragon-Öl
(Rezept Seite 107)
Salz nach Belieben

Alugrillschale

1 Spargel waschen, im unteren Drittel schälen und die holzigen Enden abschneiden. Ziegenkäse zerbröckeln.

2 Spargel mit Estragon-Öl bepinseln und unter Wenden rundherum auf einer Alugrillschale ca. 10 Minuten grillen. Dabei immer wieder mit etwas Öl bepinseln. Auf einer Platte anrichten, mit übrigem Öl beträufeln, nach Belieben leicht salzen. Käse darüberstreuen.

> **TIPP** Sie können den Spargel auch direkt auf dem Rost grillen; achten Sie dann darauf, dass das Öl nicht in die Glut tropft.

SCHARFE AUBERGINEN

1 Stiele der Auberginen nicht entfernen. Auberginen waschen und längs halbieren. Auberginenhälften mehrmals längs bis zum Stielansatz einschneiden und etwas auseinanderfächern.

2 Die Auberginenhälften mit etwas Chili-Minz-Öl bepinseln und auf dem heißen Grill ca. 5 Minuten von jeder Seite grillen. Dabei immer wieder mit dem Würzöl bepinseln. Nach Belieben salzen.

> **TIPP** Dazu schmeckt die bunte Brötchensonne (Rezept Seite 128).

4 PORTIONEN

2 große Auberginen
60 ml Chili-Minz-Öl
(Rezept Seite 107)
Salz nach Belieben

6 PORTIONEN

20 g Ingwer
1 EL Butter
50 g brauner Zucker
Saft von 1 Limette
1 Vanilleschote
2 EL gehackte Pistazien
1–2 EL brauner Rum
nach Belieben
1 Ananas

GEGRILLTE ANANAS MIT VANILLE-INGWER-SIRUP

1 Ingwer schälen und fein hacken. Butter in einem kleinen Topf zerlassen. Ingwer darin kurz andünsten. Zucker zugeben und karamellisieren. Limettensaft mit Wasser auf 50 ml auffüllen und den karamellisierten Ingwer damit ablöschen. Aufkochen lassen.

2 Die Vanilleschote längs einritzen und das Mark herauskratzen. Vanilleschote und -mark zum Ingwersud geben und Sud ca. 10 Minuten dickflüssig einköcheln, dann abkühlen lassen. Vanilleschote entfernen, Pistazien unterrühren und nach Belieben mit Rum abschmecken.

3 Ananas schälen und in sechs dicke Scheiben schneiden. Auf dem heißen Grill ca. 3 Minuten von jeder Seite grillen, dabei mit dem Vanille-Ingwer-Sirup bepinseln. Ananasscheiben auf einer Platte anrichten und den restlichen Sirup darüberträufeln.

TIPP Dazu schmeckt selbst gemachte Vanillesauce oder Vanillequark.

KÜRBIS MIT AHORN-WALNUSS-MARINADE

4 PORTIONEN

1 Kürbis waschen, Kerne und das faserige Innere entfernen. Kürbis in dünne Spalten (ca. 7 mm) schneiden. Salatblätter putzen, waschen und abtropfen lassen. Auf einer Platte verteilen.

2 Kürbisspalten mit etwas Marinade bepinseln und auf dem heißen Grill unter Wenden ca. 10 Minuten garen. Dabei immer wieder mit etwas Marinade bepinseln. Auf den Salatblättern anrichten, mit der übrigen Marinade beträufeln, nach Belieben leicht salzen.

> **TIPP** Auf einer Alugrillschale werden die Kürbisspalten nicht so dunkel, dafür verdoppelt sich die Grillzeit.

750 g Hokkaido-Kürbis
einige Blätter Römersalat
zum Anrichten
100 ml Ahorn-Walnuss-Marinade
(Rezept Seite 108)
Salz

MOZZARELLA AUF KAKI-TOMATEN-CARPACCIO

1 Bund glatte Petersilie

30 g Cornichons (aus dem Glas)

3 TL Kapern (aus dem Glas)

4 EL Olivenöl

2 Fleischtomaten (500 g)

1 große Kaki (ca. 300 g)

2 Büffelmozzarella-

kugeln à 125 g

Meersalz und frisch

gemahlenen schwarzen Pfeffer

Alugrillschale

1 Petersilie waschen und trocken schütteln, Blättchen von den Stielen zupfen und hacken. Cornichons und Kapern abtropfen lassen, dabei 2 EL Cornichonwasser auffangen. Cornichons und Kapern fein hacken. Aufgefangene Flüssigkeit und 2 EL Öl verrühren. Mit Salz und Pfeffer würzen.

2 Tomaten und Kaki putzen, waschen und in dünne Scheiben schneiden. Dachziegel-artig auf eine Alugrillschale legen. Mozzarellakugeln abtropfen lassen, halbieren und darauf verteilen. Mit dem restlichen Olivenöl beträufeln, leicht mit Salz und Pfeffer würzen.

3 Auf dem heißen Grill ca. 15 Minuten grillen, bis der Käse zu schmelzen anfängt, aber noch die Form behält. Petersiliensalsa darübergeben und sofort servieren.

TIPP Dazu schmeckt das Käse-Zwiebel-Brot (Rezept Seite 129).

BAGUETTE MIT KÄSECREME

4 PORTIONEN

250 g Cheddar

2–3 TL eingelegter

grüner Pfeffer (15 g)

½ Bund Schnittlauch

40 g Röstzwiebeln

100 g Crème fraîche

1 breite Baguettestange

vom Vortag (ca. 350 g)

Salz und frisch gemahlener

schwarzer Pfeffer

Alufolie

1 Cheddar fein reiben. Grünen Pfeffer abtropfen lassen und hacken. Schnittlauch waschen, trocken schütteln und in Röllchen schneiden. Mit Cheddar, grünem Pfeffer, Röstzwiebeln und Crème fraîche vermengen und mit Salz und Pfeffer abschmecken.

2 Baguette längs aufschneiden und beide Hälften aushöhlen. Käsecreme auf der Unterseite verteilen, Oberseite daraufsetzen und gut andrücken. Brot in Alufolie wickeln und auf dem heißen Grill mit etwas Abstand zur Glut ca. 40 Minuten grillen, dabei einmal wenden. In vier Stücke schneiden.

TIPP Dazu schmecken die Mexiko-Spieße (Rezept Seite 30).

GEGRILLTER SEITAN AUF JAPANISCHE ART

1 Wasabi, Sojasauce, Sesamöl und Sesamsamen verrühren.

2 Seitan abspülen, trocken tupfen und in vier oder acht ca. 1 cm dicke Stücke schneiden. Auf dem heißen Grill ca. 5 Minuten unter Wenden grillen, dabei mehrmals mit der Marinade bepinseln.

3 Seitan mit der übrigen Marinade beträufeln und mit dem abgetropften Sushi-Ingwer servieren.

> **TIPP** Dazu passt der Glasnudelsalat (Rezept Seite 123).

1–2 TL Wasabipaste (Tube)
2 EL Sojasauce
1 EL dunkles Sesamöl
2 TL Sesamsamen (ca. 10 g)
400 g Seitan am Stück
60 g eingelegter Sushi-Ingwer

GEFÜLLT

GEFÜLLTE SPITZPAPRIKA MIT HARISSA-COUSCOUS

4 PORTIONEN

1 Couscous in 250 ml kochendes Salzwasser geben, aufkochen und bei schwacher Hitze etwa 5 Minuten quellen lassen. Tomate putzen, waschen, trocken tupfen, vierteln und entkernen. Fruchtfleisch in kleine Würfel schneiden. Schafskäse ebenfalls in kleine Würfel schneiden. Petersilie waschen, trocken schütteln, Blättchen von den Stielen zupfen und hacken.

2 Passierte Tomaten mit Harissa verrühren. Mit den Tomatenwürfeln, Schafskäse und Petersilie zum Couscous geben und gründlich vermengen. Mit Salz und Pfeffer abschmecken.

3 Spitzpaprika jeweils an einer Seite vom Stiel zur Spitze keilförmig einschneiden, den Keil herauslösen. Trennhäute und Kerne entfernen. Spitzpaprika und den herausgeschnittenen Keil waschen und trocken tupfen. Fruchtfleisch des Keils in kleine Würfel schneiden und zum Couscous geben. Spitzpaprika mit dem Couscous füllen.

4 Vier Stücke Alufolie mit Öl beträufeln. Je drei Paprika daraufsetzen. Alufolie verschließen und Päckchen auf dem heißen Grill etwa 10 Minuten garen.

100 g Couscous
1 Tomate (ca. 100 g)
60 g Schafskäse
4 Petersilienstiele
60 g passierte Tomaten
½ TL Harissa
12 türkische Spitzpaprika
(ca. 600 g)
2 EL Olivenöl
Salz und frisch gemahlener
schwarzer Pfeffer

Alufolie

TIPP: Dazu schmeckt der Minzjoghurt (Rezept Seite 112). Harissa ist in türkischen Lebensmittelläden und gut sortierten Supermärkten erhältlich.

ANTIPASTI-PANINI

½ Aubergine (ca. 150 g)

½ Zucchini (ca. 120 g)

¼ rote Paprika (ca. 60 g)

¼ gelbe Paprika (ca. 60 g)

1 kleine rote Zwiebel

2 Knoblauchzehen

1 Mozzarellakugel (125 g)

¼ Bund Rucola

150 ml Estragon-Öl

(Rezept Seite 107)

4 Paninibrötchen

Salz

Alugrillschale

1 Aubergine, Zucchini und Paprika waschen, Paprika entkernen. Aubergine und Zucchini in dünne Scheiben, Paprika in Streifen schneiden. Zwiebel und Knoblauch schälen, in feine Ringe bzw. Scheibchen schneiden. Mozzarella abtropfen lassen, in Scheiben schneiden. Rucola verlesen, waschen, abtropfen lassen und zerzupfen.

2 Paprika, Auberginen- und Zucchinischeiben auf einer Alugrillschale verteilen, mit etwas Estragon-Öl bepinseln und auf dem heißen Grill 5 Minuten braten. Dann wenden, erneut mit Öl bepinseln. Zwiebelringe und Knoblauch hinzufügen und weitere 3–5 Minuten mitgrillen. Inzwischen in die Brötchen jeweils seitlich eine Tasche schneiden. Übriges Estragon-Öl hineinträufeln.

3 Gegrilltes Gemüse leicht salzen. Mit Mozzarella und Rucola in die Brötchen füllen. Panini auf der Grillschale weitere 5 Minuten grillen, bis der Käse leicht schmilzt.

> **TIPP** Für eine pikante Note verwenden Sie statt Mozzarella Taleggio oder Blauschimmelkäse.

VEGETARISCHER HOTDOG

1 Zwiebeln schälen und in Spalten schneiden. Gurke schälen und in Scheiben schneiden. Salatblätter waschen und abtropfen lassen. Brötchen aufschneiden.

2 Würstchen direkt auf dem heißen Grillrost, Zwiebelspalten auf einer Alugrillschale unter Wenden rundherum ca. 5 Minuten grillen, dabei alles mehrmals leicht mit Öl bepinseln.

3 Brötchenhälften auf dem Rost von jeder Seite ca. 30 Sekunden mitgrillen. Schnittflächen mit der Barbecuesauce bestreichen. Unterseiten erst mit je einem Salatblatt und Gurkenscheiben, dann mit Würstchen und Zwiebelstücken belegen. Oberseiten daraufklappen.

> **TIPP** Es gibt eine große Auswahl an Würstchen aus Tofu oder Weizeneiweiß im Handel. Wir mochten für dieses Rezept die Variante mit dem leichten Räuchergeschmack besonders gerne.

4 STÜCK

2 Zwiebeln
½ Salatgurke
4 Salatblätter
4 Hotdog-Brötchen (à ca. 60 g)
4 Räuchertofuwürstchen
(à ca. 60 g)
Sonnenblumenöl zum Bepinseln
4–6 EL Barbecuesauce
mit Aprikosen (Rezept Seite 111)

Alugrillschale

SEITANBURGER

4 Blätter Eichblattsalat
½ rote Paprika
½ gelbe Paprika
2 gehäufte TL körniger Senf
100 g Schmand
4 Ciabattabrötchen
200 g Seitan am Stück
Öl zum Bepinseln
100 g Zwiebelrelish
(Rezept Seite 115)
Salz und frisch gemahlener
schwarzer Pfeffer

1 Salatblätter waschen und abtropfen lassen. Paprika waschen, entkernen und in grobe Stücke schneiden. Senf, Schmand, Salz und Pfeffer verrühren. Brötchen aufschneiden. Seitan in vier Stücke teilen.

2 Paprikastücke und Seitan auf dem Grill ca. 5 Minuten unter Wenden grillen, dabei den Seitan leicht mit Öl bepinseln. Brötchenhälften kurz von beiden Seiten mit anrösten.

3 Brötchenhälften mit dem Senfschmand bestreichen. Unterhälften mit je einem Salatblatt belegen. Seitan daraufgeben, Zwiebelrelish und Paprikastücke darauf verteilen. Brötchenoberseiten daraufsetzen.

> **TIPP** Statt Ciabattabrötchen können Sie auch ein geviertelten Fladenbrot verwenden.

GEFÜLLTER CAMEMBERT MIT PUMPERNICKEL

4 PORTIONEN

1 Cashewkerne in einer kleinen Pfanne ohne Fett goldbraun rösten und mit den Cranberrys hacken. Petersilie waschen, trocken schütteln, Blättchen von den Stielen zupfen und hacken. Pumpernickel zerbröseln. Frischkäse und Senf verrühren. Alles miteinander verkneten und mit Salz und Pfeffer würzen.

2 Camembertlaibe quer halbieren. Vier Stück Alufolie leicht mit Öl bepinseln. Die Pumpernickelmasse in der Größe der Camembertscheiben auf je einem Stück Alufolie verteilen. Je eine Camemberthälfte mit der Rinde nach oben darauflegen, leicht andrücken.

3 Alufolie über dem Käse verschließen. Päckchen auf dem heißen Grill ca. 5 Minuten backen, bis der Käse zu schmelzen beginnt. Päckchen öffnen, Camembert herausstürzen und sofort verzehren.

TIPP Dazu schmeckt das Zwiebelrelish (Rezept Seite 115).

30 g Cashewkerne
25 g getrocknete Soft-Cranberrys
4 Petersilienstiele
1 Scheibe Pumpernickel (45 g)
2 EL Doppelrahmfrischkäse
1 TL Dijon-Senf
2 runde Camemberts (à 250 g)
Öl zum Bestreichen
Salz und frisch gemahlener schwarzer Pfeffer

Alufolie

ZWIEBELN MIT FEIGEN-ZIEGENKÄSE-TOPPING

2 Gemüsezwiebeln (à ca. 250 g)

2 Feigen

3–4 Thymianzweige

1–2 TL Pfefferwürzmischung

(Rezept Seite 104)

100 g Ziegenkäserolle

Öl zum Bestreichen

2 TL Waldhonig

Salz

Alufolie

1 Zwiebeln mit Schale in kochendem Salzwasser 15 Minuten vorgaren. Abgießen, kalt abschrecken, kurz abkühlen lassen, dann schälen und halbieren.

2 Haut der Feigen mit einem scharfen Messer abziehen. Thymianblättchen abzupfen, einige Blättchen zwischen die Zwiebelschichten drücken. Zwiebeln leicht salzen. Übrigen Thymian mit Feigenfruchtfleisch vermengen, mit ca. 1 TL Pfefferwürzmischung und Salz würzen. Käse entrinden, zerbröckeln und unterheben.

3 Masse auf den Zwiebelhälften verteilen. Zwiebeln auf je ein Stück geölte Alufolie setzen, Folie zu Päckchen verschließen und auf dem heißen Grill ca. 10 Minuten grillen. Folie öffnen, Füllung mit Honig beträufeln und mit der übrigen Pfefferwürzmischung bestreuen.

TIPP Kaufen Sie die Feigen möglichst frisch, sie sind weder im Kühlschrank noch bei Zimmertemperatur gut haltbar.

GEFÜLLTE GRILLKARTOFFELN

4 STÜCK

1 Kartoffeln waschen und in kochendem Wasser ca. 35 Minuten vorgaren. Zwiebel und Knoblauch schälen und mit den abgetropften Oliven fein hacken. Oregano waschen, trocken schütteln, Blättchen abzupfen und ebenfalls hacken.

2 Kartoffeln abgießen, kalt abschrecken und etwas ausdampfen lassen. Längs halbieren und die Hälften mit einem Kugelstausstecher etwas aushöhlen. Herausgelöste Kartoffelmasse mit einem Kartoffelstampfer zerdrücken. Vorbereitete Zutaten und Schmand einrühren. Mit Salz und Pfeffer würzen.

3 Je eine Kartoffelhälfte mit der Oliven-Kartoffel-Masse füllen. Die andere Hälfte darauflegen, leicht zusammendrücken und jede Kartoffel in ein Stück Alufolie wickeln. Kartoffeln in der heißen Glut unter Wenden ca. 20 Minuten grillen.

TIPP Dazu schmeckt der Wildkräutersalat mit Tomaten (Rezept Seite 124).

4 große Kartoffeln (à ca. 300 g)
1 rote Zwiebel
1–2 Knoblauchzehen
40 g entsteinte schwarze Oliven
4 Oreganostiele
60 g Schmand
Salz und frisch gemahlener
schwarzer Pfeffer

Alufolie

TOMATEN MIT TABOULEH-FÜLLUNG

100 g Bulgur

6 Fleischtomaten (à 250 g)

100 g Salatgurke

2 Lauchzwiebeln

1 Bund glatte Petersilie

2–4 Minzstiele

4 EL Olivenöl

4 EL Zitronensaft

30 g Parmesan

Pflanzenöl zum Bepinseln

Salz und frisch gemahlener schwarzer Pfeffer

Alufolie

1 Bulgur in kochendem Salzwasser ca. 10 Minuten garziehen lassen. Tomaten putzen, waschen und trocken tupfen. Von den Tomaten je einen Deckel abschneiden. Tomaten entkernen. Blütenansatz und Kerne vom Tomatendeckel entfernen, den Rest in kleine Würfel schneiden. Gurke waschen, nach Belieben schälen, längs halbieren und entkernen. Fruchtfleisch ebenfalls klein würfeln. Bulgur abgießen, kalt abschrecken und gut abtropfen lassen.

2 Lauchzwiebeln putzen, waschen und in feine Ringe schneiden. Kräuter waschen, trocken schütteln, Blättchen von den Stielen zupfen und hacken. Olivenöl mit Zitronensaft, Salz und Pfeffer verrühren. Bulgur mit allen vorbereiteten Zutaten und der Vinaigrette vermengen, evtl. nachwürzen.

3 Parmesan mit einem Sparschäler in Späne hobeln. Tomaten mit dem Tabouleh füllen. Parmesan darüberstreuen. Sechs Stück Alufolie mit Öl bepinseln, je eine Tomate daraufsetzen, Alufolie darüber verschließen und auf dem heißen Grill ca. 10 Minuten garen.

TIPP Dazu schmeckt das Baguette mit Käsecreme (Rezept Seite 80).

PORTOBELLOS MIT SPINATFÜLLUNG

6 STÜCK

1 Spinat auftauen lassen, kräftig ausdrücken und hacken. Mit Mascarpone und Zwiebelrelish verrühren. Mit Salz und Pfeffer würzen.

2 Portobellos säubern und die Stiele herausdrehen. Öl mit Salz und Pfeffer verrühren. Pilze damit einpinseln. Spinatmasse in die Pilze füllen und je einen Pilz auf ein Stück Alufolie setzen, Alufolie darüber verschließen. Pilze auf dem heißen Grill ca. 10 Minuten garen.

> **TIPP** Wer möchte, verwendet frischen Spinat. Dann ca. 200 g Spinat putzen, waschen und kurz blanchieren.

200 g tiefgefrorener Blattspinat

100 g Mascarpone

2 EL Zwiebelrelish

(Rezept Seite 115)

4 Portobellos oder große

Champignons (à ca. 60 g)

2 EL Olivenöl

Salz und frisch gemahlener

 schwarzer Pfeffer

Alufolie

DIPPEN UND WÜRZEN

1 EL schwarze Pfefferkörner
½ EL weiße Pfefferkörner
½ EL grüne Pfefferkörner
½ EL rosa Pfefferbeeren
10 Pimentkörner
1 TL Fleur de sel
2 Rosmarinzweige

PFEFFERWÜRZMISCHUNG

1 Alle Pfeffersorten, rosa Pfefferbeeren und Pimentkörner in einem Mörser mischen und nicht zu fein zerstoßen.

2 Fleur de sel zufügen und kurz mit zerstoßen. Rosmarin waschen und gut trocken tupfen. Nadeln abzupfen und sehr fein hacken. Zur Gewürzmischung geben.

TIPP Die Gewürzmischung in ein sauberes Schraubglas geben und verschließen. So ist sie etwa 6 Monate haltbar. Sie können die Würzmischung auch mit anderen Pfeffersorten, z. B. Kubeben-, Szechuan- oder langem Pfeffer variieren.

3 EL Sesamsamen (25 g)
2 Zitronengrasstangen
2 TL grobes Meersalz (5 g)

ZITRONENGRAS-GOMASIO

1 Sesam in einer Pfanne ohne Fett leicht anrösten, auf einen Teller geben und abkühlen lassen. Zitronengras putzen, die faserigen Außenblätter entfernen, das weiche Innere fein hacken.

2 Die Hälfte vom Sesam mit Salz im Mörser fein zerstoßen. Übrigen Sesam und Zitronengras zufügen und nochmals kurz grob zerstoßen. Zitronengras-Gomasio in ein sauberes Glas geben und verschließen. Es ist etwa 1–2 Wochen haltbar.

CHILI-MINZ-ÖL

120 MILLILITER

2 rote Chilischoten
2–3 Knoblauchzehen
1 Bund Minze
100 ml hochwertiges Olivenöl
1 TL Salz

1 Chilischoten waschen, trocken tupfen, längs einritzen und entkernen. Chilis fein hacken. Knoblauch schälen und hacken.

2 Minze waschen, trocken schütteln, Blättchen von den Stielen zupfen und ebenfalls hacken. Alles mit Olivenöl und Salz verrühren.

> **TIPP** Wer es gerne schärfer mag, lässt die Kerne in den Chilischoten und hackt alles zusammen.

ESTRAGON-ÖL

150 MILLILITER

1 Bund Estragon (ca. 15 g)
30 g körniger Senf
100 ml Pflanzenöl
Salz und frisch gemahlener schwarzer Pfeffer

1 Estragon waschen, trocken schütteln, Blättchen abzupfen und fein hacken. Estragon mit Senf und Öl verrühren und mit Salz und Pfeffer abschmecken.

> **TIPP** Estragon ist besonders in der französischen Küche beliebt. Das Würzöl verfeinert die Vinaigrette für einen frischen Tomatensalat und aromatisiert gegrillten Ziegenkäse.

AHORN-WALNUSS-MARINADE

200 MILLILITER

2 EL Walnusskerne (20 g)

100 ml Walnussöl

2 EL Ahornsirup

Saft von ½ Orange

Salz und frisch gemahlener

schwarzer Pfeffer

Walnüsse in einer Pfanne ohne Fett leicht anrösten. Abkühlen lassen und hacken. Walnussöl, Ahornsirup und Orangensaft verrühren, mit Salz und Pfeffer abschmecken. Walnüsse unterrühren.

TIPP Schmeckt auch als Dressing zu gemischtem grünem Salat oder als schnelle Sauce zu Nudeln.

FRUCHTIGE SALSA

4 PORTIONEN

300 g Tomaten

¼ Charentais-Melone (ca. 250 g)

1 Schalotte

¼ unbehandelte Limette

Salz und frisch gemahlener

schwarzer Pfeffer

Tomaten putzen, waschen, halbieren und entkernen. Das Fruchtfleisch fein würfeln. Melone ebenfalls entkernen, das Fruchtfleisch von der Schale schneiden und genauso würfeln. Schalotte schälen und hacken, mit Tomaten- und Melonenwürfeln mischen.

Limette heiß waschen, die Schale fein abreiben und etwas Saft auspressen. Salsa mit Salz, Pfeffer, Limettenschale und -saft abschmecken.

TIPP In der Salsa schmecken alle Melonensorten. Die Charentais sorgt mit ihrer Farbe zusätzlich für eine besonders schöne Optik.

BARBECUESAUCE MIT APRIKOSEN

5 GLÄSER À CA. 200 ML

1 Tomaten einritzen, mit kochendem Wasser überbrühen, abgießen und kalt abschrecken. Tomaten häuten und grob würfeln. Zwiebel schälen und hacken. Aprikosen waschen, entsteinen und würfeln.

2 Zwiebel im heißen Öl glasig dünsten. Aprikosen 1–2 Minuten mit andünsten. Tomaten, 70 g Zucker, Essig, Tomatenmark und Honig zufügen. Mit 1 TL Paprikapulver, 2 TL Salz und Pfeffer würzen und aufkochen. Zugedeckt 15 Minuten unter gelegentlichem Rühren garen.

3 Sauce offen unter Rühren ca. weitere 10 Minuten dicklich einköcheln. Mit Salz, Pfeffer und nach Belieben mehr Paprikapulver und Zucker abschmecken. Sauce sofort in heiß ausgespülte, saubere Gläser füllen und verschließen. Abkühlen lassen. Die Sauce hält sich im verschlossenen Glas mehrere Monate.

TIPP Die Barbecuesauce passt überall dort, wo man sonst Ketchup verwendet. Außerhalb der Aprikosensaison kann sie auch mit Früchten aus der Dose zubereitet werden, dann die Zuckermenge etwas reduzieren.

1 kg Flaschentomaten
1 Zwiebel
500 g Aprikosen
2 EL Sonnenblumenöl
ca. 70 g brauner Zucker
50 ml Balsamessig
2 EL Tomatenmark
2 EL Waldhonig
1–2 TL rosenscharfes Paprikapulver
Salz und frisch gemahlener schwarzer Pfeffer

Einmachgläser

4 Minzstiele

300 g cremiger Vollmilchjoghurt

1 TL Zitronensaft

1–2 Prisen gemahlener
Kreuzkümmel

1 Prise Zucker

Salz und frisch gemahlener
schwarzer Pfeffer

MINZJOGHURT

Minze waschen, trocken schütteln, Blättchen von den Stielen zupfen und hacken. Joghurt, Minze und Zitronensaft verrühren. Mit Kreuzkümmel, Zucker, Salz und Pfeffer würzen.

> **TIPP** Für ein ungewöhnliches Zaziki eine halbe Salatgurke schälen, entkernen, grob raspeln und unter den Joghurt rühren.

35 GRAMM

1 TL Koriandersamen

1–2 rote Chilischoten

1 Bund Koriandergrün

125 g weiche Butter

½ unbehandelte Limette

Meersalz

KORIANDER-CHILI-BUTTER

Koriandersamen im Mörser fein zerstoßen. Chili putzen, entkernen, waschen und fein hacken. Koriandergrün waschen, trocken schütteln, abzupfen und ebenfalls fein hacken.

Die vorbereiteten Zutaten mit Butter verkneten. Limette heiß waschen, Schale fein abreiben und etwas Saft auspressen. Butter mit Salz, Limettenschale und ein wenig Saft abschmecken.

> **TIPP** Die Butter kann gut vorbereitet werden und lässt sich gekühlt 1–2 Tage aufbewahren.

APFEL-MANGO-CHUTNEY

1 GLAS À 350 ML

Mango schälen, das Fruchtfleisch in großen Stücken vom Stein schneiden und würfeln. Apfel schälen, vierteln und entkernen. Fruchtfleisch ebenfalls in Würfel schneiden. Ingwer schälen. Peperoni waschen, längs halbieren und entkernen. Beides fein hacken.

Alle vorbereiteten Zutaten mit Zucker, 1 TL Salz, Koriander, Zimt und Sternanis in einem Topf mischen. 70 ml Essig angießen und unter Rühren aufkochen lassen. Chutney unter gelegentlichem Rühren ca. 40 Minuten offen einköcheln lassen. Evtl. mit mehr Essig abschmecken. Noch heiß in ein sauberes Glas füllen und verschließen.

TIPP Das Chutney hält sich gut verschlossen an einem dunklen Ort 6–12 Monate. Geöffnet im Kühlschrank aufbewahren und in wenigen Wochen verbrauchen.

1 Mango (ca. 450 g)

1 Apfel (ca. 150 g)

20 g Ingwer

1 grüne Peperoni

100 g brauner Zucker

2 TL Koriandersamen

1 Zimtstange

1 Sternanis

70–100 ml Weißweinessig

Salz

Einmachglas

OLIVEN-MANDEL-TAPENADE

4 PORTIONEN

1 Oliven abtropfen lassen. Mit den Salzmandeln nicht allzu fein hacken. Knoblauch schälen und dazupressen. Öl einrühren. Tapenade mit wenig Salz und Pfeffer abschmecken.

> **TIPP** Wählen Sie hier unbedingt qualitativ hochwertige Oliven.

60 g grüne Oliven ohne Stein

60 g schwarze Oliven ohne Stein

40 g Salzmandeln

1–2 Knoblauchzehen

3 EL Olivenöl

Meersalz und frisch gemahlener schwarzer Pfeffer

ZWIEBELRELISH

3 GLÄSER À 250 ML

1 Zwiebeln schälen und würfeln. Im heißen Öl unter Wenden 5–8 Minuten glasig anschwitzen. Rosinen, Senfkörner, 150 ml Essig und Zucker zugeben, aufkochen. Mit 1 EL Salz und Pfeffer würzen und zugedeckt 30 Minuten bei mittlerer Hitze garen, dabei gelegentlich umrühren.

2 Relish nach Belieben mit mehr Essig abschmecken und offen 5–10 Minuten unter Rühren dicklich einköcheln lassen. Sofort in heiß ausgespülte, saubere Gläser füllen, verschließen und abkühlen lassen. Nach dem Öffnen im Kühlschrank aufbewahren.

> **TIPP** Verwenden Sie einen guten Balsamessig mit süßlicher Note.

1 kg Gemüsezwiebeln

3 EL Sonnenblumenöl

125 g Rosinen

2 EL Senfkörner

150–200 ml Balsamessig

100 g brauner Zucker

Salz und frisch gemahlener schwarzer Pfeffer

saubere Einmachgläser

ZUM ABRUNDEN

BOHNEN-COUSCOUS-SALAT

1 Bohnen putzen, waschen und halbieren. In kochendem Salzwasser 12–15 Minuten garen. Couscous in einer Schüssel mit der heißen Brühe übergießen, ausquellen und abkühlen lassen. Dann mit einer Gabel auflockern. Bohnen abgießen, kalt abschrecken und abkühlen lassen.

2 Zwiebel schälen und hacken. Tomaten putzen, waschen und würfeln. Beides mit Couscous und Bohnen mischen. Marinade mit Zitronen- und Orangensaft abschmecken, darübergießen und untermischen. Zugedeckt mind. 2 Stunden durchziehen lassen.

3 Rucola verlesen, waschen, abtropfen lassen und zerzupfen. Salat vor dem Servieren abschmecken und Rucola untermengen.

> **TIPP** Couscous wird aus Hartweizen hergestellt und schon vorgedämpft, daher die kurze Quellzeit. Ist der Couscous nach der Quellzeit noch zu trocken, geben Sie einfach etwas mehr Brühe hinzu.

250 g grüne Bohnen

150 g Couscous

200 ml heiße Gemüsebrühe

1 rote Zwiebel

250 g Tomaten

100 ml Ahorn-Walnuss-Marinade (Rezept Seite 108)

1–2 EL frisch gepresster Zitronensaft

1–2 EL frisch gepresster Orangensaft

1 Bund Rucola

Salz und frisch gemahlener schwarzer Pfeffer

FRÜHLINGSSALAT MIT PASSIONSFRUCHTDRESSING

1 Bund weißer Spargel
(ca. 500 g)
1 Bund Radieschen
150 g Römersalat
3 Passionsfrüchte
1 geh. TL körniger Senf
1–2 TL brauner Zucker
4 EL Sonnenblumenöl
evtl. 1 EL Weißweinessig
Salz und frisch gemahlener
schwarzer Pfeffer

1 Spargel waschen, schälen und holzige Enden abschneiden. Stangen in ca. 3 cm große Stücke schneiden und in kochendem Salzwasser 4–5 Minuten bissfest garen. Abgießen, kalt abschrecken und abkühlen lassen.

2 Radieschen putzen, waschen und vierteln. Salat putzen, waschen, trocken schleudern und in Streifen schneiden. Beides mit dem Spargel mischen.

3 Passionsfrüchte halbieren und das Mark herauslöffeln. Mit Senf, Zucker, Salz und Pfeffer verquirlen. Öl unterschlagen und je nach Säuregehalt der Früchte mit Essig abschmecken. Salat damit mischen.

TIPP Sie können für den Salat auch grünen Spargel verwenden. Dann die Garzeit auf ca. 3 Minuten reduzieren.

GLASNUDELSALAT

200 g Karotten

100 g Zuckerschoten

3 Lauchzwiebeln

1 Stück Ingwer (ca. 2 cm)

1–2 Knoblauchzehen

50 g geröstete, gesalzene Erdnüsse

2–3 TL Sesamöl

5–7 EL Sojasauce

4 EL Orangensaft

100 g Glasnudeln

5 Korianderstiele

1 EL Reisessig

Salz und frisch gemahlener schwarzer Pfeffer

1 Karotten schälen, Zuckerschoten und Lauchzwiebeln putzen und waschen. Karotten in Stifte, Zuckerschoten und Lauchzwiebeln schräg in dünne Streifen schneiden. Ingwer und Knoblauch schälen und fein hacken.

2 Erdnüsse in einer Pfanne ohne Fett goldbraun rösten, herausnehmen und grob hacken. 2 TL Sesamöl in der Pfanne erhitzen. Gemüse, Ingwer und Knoblauch darin ca. 3 Minuten braten. Mit 5 EL Sojasauce und Orangensaft ablöschen. Mit Salz und Pfeffer würzen und in einer Salatschüssel erkalten lassen.

3 Glasnudeln 10 Minuten in kaltem Wasser einweichen. Abgießen, Nudeln mit heißem Wasser überbrühen und 1 Minute quellen lassen. Nochmals abgießen, mit einer Schere nach Belieben kürzer schneiden. Koriander waschen, trocken schütteln, Blättchen von den Stielen zupfen und grob hacken.

4 Nudeln, Erdnüsse und Koriander zum Gemüse geben. Mit Salz, Pfeffer, Reisessig, nach Belieben etwas Sesamöl und Sojasauce abschmecken.

TIPP Der Salat passt gut zum gegrillten Seitan auf japanische Art (Rezept Seite 81).

NUDEL-LINSEN-SALAT

4 PORTIONEN

1 Zwiebel schälen und fein würfeln. Für die Linsen Wasser mit Brühe aufkochen, Linsen und Zwiebelwürfel zugeben und ca. 20 Minuten garen. Nudeln in kochendem Salzwasser ca. 10 Minuten bissfest garen. Linsen und Nudeln abgießen, kalt abschrecken und auskühlen lassen.

2 Mayonnaise, saure Sahne, Apfelsaft und Chutney verrühren. Mit Salz und Pfeffer würzen. Nudeln und Linsen mit der Salatsauce vermengen und ca. 1 Stunde ziehen lassen.

3 Kurz vor dem Servieren Äpfel gründlich waschen, vierteln und entkernen. Apfelviertel in dünne Scheibchen hobeln. Spinat verlesen, waschen und trocken schleudern. Beides zu den Nudeln geben und untermengen. Nach Belieben nachwürzen.

TIPP Der Salat kann auch schon am Vortag vorbereitet werden. Dafür gegarte Nudeln und Linsen mit dem Dressing vermengen und im Kühlschrank ziehen lassen. Dann Apfel und Spinat unterheben und evtl. nachwürzen.

1 rote Zwiebel
1 TL Gemüsebrühenpulver
100 g grüne Linsen
200 g Penne-Nudeln
100 g Salatmayonnaise
100 g saure Sahne
50 ml Apfelsaft
2 EL Apfel-Mango-Chutney
(Rezept Seite 113)
2 kleine säuerliche Äpfel
(z. B. Cox orange)
100 g junger Spinat
Salz und frisch gemahlener
schwarzer Pfeffer

WILDKRÄUTERSALAT MIT TOMATEN

1 Tomaten putzen, waschen und halbieren oder in Scheiben schneiden. Kräuter waschen, trocken schütteln, Blättchen von den Stielen zupfen und grob hacken. Salat ebenfalls waschen und trocken schleudern.

2 Essig, Senf und Honig verrühren. Öl unterschlagen. Mit Salz und Pfeffer würzen. Tomaten, Salat- und Kräuterblätter mischen. Kurz vor dem Servieren mit der Vinaigrette vermengen.

> **TIPP** Besonders hübsch wird der Salat, wenn man ihn mit essbaren Blüten wie Gänseblümchen oder Kapuzinerkresse garniert.

300 g bunte Tomaten
30 g gemischte Wildkräuter
(z. B. Löwenzahn, Sauerampfer,
Brunnenkresse, Borretsch,
Kapuzinerkresse)
100 g Baby-Mix-Salat
3 EL dunkler Balsamessig
1 TL Dijon-Senf
1 EL flüssiger Honig
4 EL Olivenöl
Salz und frisch gemahlener
schwarzer Pfeffer

ROSMARINFLADEN VOM GRILL

5 BROTE

2 Rosmarinzweige
350 g Weizenmehl Type 550
1 Päckchen Trockenhefe
4 EL Olivenöl
Mehl zum Bearbeiten
2 TL Fleur de sel
feines Salz

1 Rosmarin waschen, gut trocken tupfen, Nadeln von den Zweigen zupfen und fein hacken. Mehl, Hefe, Rosmarin und 1 TL feines Salz in einer Schüssel mischen. 200 ml warmes Wasser und 2 EL Öl zugeben und zu einem glatten Teig verkneten. Teig an einem warmen Ort 1–1 ½ Stunden zugedeckt gehen lassen.

2 Teig in fünf Portionen teilen und auf einer bemehlten Arbeitsfläche zu flachen, ovalen Fladen (ca. 22 x 10 cm) ausrollen.

3 Fladen bis zum Grillen in den Kühlschrank stellen oder sofort auf den heißen Grill legen. Dabei mit etwas Olivenöl von einer Seite bepinseln, diese nach unten auf den Grillrost legen, 3–4 Minuten grillen. Fladen von der oberen Seite ebenfalls mit Öl bepinseln, mit Fleur de sel bestreuen, wenden und weitere 3–4 Minuten grillen.

> **TIPP** Übrig gebliebenes Brot in Stücken für eine würzige Panzanella (italienischer Brotsalat) verwenden.

BUNTE BRÖTCHENSONNE

18 BRÖTCHEN

1 Hefe zerbröckeln und mit Zucker in 500 ml lauwarmem Wasser auflösen. Zugedeckt 10 Minuten beiseitestellen. Beide Mehlsorten mit 3 TL Salz und Öl in einer Schüssel mischen. Hefewasser und weitere 100–150 ml lauwarmes Wasser zufügen und alles zu einem glatten Teig verkneten. Zugedeckt an einem warmen Ort ca. 1 ½ Stunden gehen lassen.

2 Tomaten abtropfen lassen und klein schneiden, mit Pinienkernen mischen. Kürbiskerne grob hacken. Teig auf wenig Mehl nochmals durchkneten und in drei Portionen teilen. Unter eine Portion Tomaten und Pinienkerne kneten. Unter die zweite Kürbiskerne mengen, die dritte Portion mit 2 TL Zitronengras-Gomasio verkneten.

3 Jeden Teig in sechs Portionen teilen und zu runden Brötchen formen. Auf einem mit Backpapier belegten Blech abwechselnd zu einer Sonne zusammensetzen und zugedeckt nochmals 15 Minuten gehen lassen.

4 Backofen auf 220 °C vorheizen. Brötchen mit Sahne bepinseln, die Gewürzbrötchen dick mit dem übrigen Zitronengras-Gomasio bestreuen. Brötchensonne ca. 25 Minuten knusprig backen. Abkühlen lassen.

1 Würfel Hefe (42 g)
1 EL Zucker
500 g Roggenmehl Type 1150
500 g Weizenmehl Type 1050
2 EL Olivenöl
40 g getrocknete, in Öl eingelegte Tomaten
25 g Pinienkerne
40 g Kürbiskerne
Mehl zum Bearbeiten
4 TL Zitronengras-Gomasio (10 g, Rezept Seite 104)
2 EL Sahne zum Bestreichen
Salz

Backpapier

TIPP Sie können die Teige nach Belieben z. B. mit Sonnenblumenkernen, Mohn oder gehackten Kräutern abwandeln.

KÄSE-ZWIEBEL-BROT VOM GRILL

8 BROTE

½ Würfel Hefe (21 g)
250 g Dinkel-Vollkornmehl
250 g Weizenmehl Type 550
1 TL Salz
½ TL Zucker
100 g Emmentaler
50 g Röstzwiebeln
Mehl zum Bearbeiten
Pflanzenöl zum Bestreichen

1 Hefe mit 300 ml warmem Wasser verrühren. Beide Mehlsorten, Salz und Zucker in einer Schüssel mischen. Hefewasser zugeben und zu einem glatten Teig verkneten (evtl. etwas mehr Wasser zugeben). Teig zugedeckt an einem warmen Ort 30–45 Minuten gehen lassen.

2 Käse fein reiben. Mit den Röstzwiebeln zum Teig geben und unterkneten. Teig in acht Portionen teilen, auf bemehlter Arbeitsfläche zu Kugeln formen und zu runden Fladen (Ø ca. 16 cm) ausrollen. Nach Belieben bis zum Grillen in den Kühlschrank stellen oder sofort auf den heißen Grill legen. Dabei von beiden Seiten mit etwas Öl bepinseln und unter Wenden 8–10 Minuten grillen.

> **TIPP** Der Teig kann ebenso für Stockbrot verwendet werden: Dafür den Teig in ca. zwölf Portionen teilen. Diese zu langen, ca. 5 mm dicken Strängen ausrollen. Zwölf nicht so dicke, aber lange Stöcke putzen, äußere Rinde eventuell entfernen und Teigstränge herumwickeln. Stockbrot über der Glut (nicht in den Flammen!) des Lagerfeuers oder Grills garen, dabei ständig den Stock drehen.

GURKEN-SOMMERBOWLE

1 Gurke waschen und schälen. Ein Drittel der Gurke in dünne Scheiben schneiden und abgedeckt beiseitestellen, den Rest grob würfeln. Minze waschen, trocken schütteln und Blättchen von den Stielen zupfen. Gurkenwürfel und Minze mit Zucker pürieren. Zitronensaft und Pimm's zugeben und zugedeckt mind. 30 Minuten ziehen lassen.

2 Kurz vor dem Servieren Gurkenscheiben zugeben und mit Bitter Lemon und eisgekühltem Sekt auffüllen. Auf Gläser verteilen.

1 Salatgurke

6 Minzstiele

40 g brauner Zucker

Saft von 1 Zitrone

100 ml Pimm's N° 1

500 ml gekühltes Bitter Lemon

375 ml trockener Sekt

WALDBEEREN-LIMONADE

1 Zwei Limetten heiß waschen, trocknen und die Schale fein abreiben. Alle Limetten auspressen. Saft mit Wasser auf 200 ml auffüllen. Vanilleschote längs einritzen, Mark herauskratzen. Mit der Schote, dem Zucker und der Limettenschale zum Limettensaft geben und aufkochen. Offen 2–3 Minuten einköcheln, dann ganz abkühlen lassen.

2 Inzwischen die Waldbeeren auftauen. Dann pürieren und durch ein Sieb streichen, mit dem Sirup mischen und bis zum Servieren kühl stellen. Waldbeer-Sirup-Mischung auf Gläser verteilen und mit gut gekühltem Mineralwasser aufgießen.

4 unbehandelte Limetten

1 Vanilleschote

150 g Zucker

300 g tiefgekühlte Waldbeeren

1,5 l gekühltes Mineralwasser

TIPP Die Limonade kann auch mit frischen Beeren zubereitet werden.

Foto: Kirsten Petersen

Foto: Beata Lange

Foto: Anja Kneller

Maren Jahnke arbeitet seit 18 Jahren als Foodstylistin, Rezeptentwicklerin und Autorin für bekannte Frauenzeitschriften, Buchverlage, PR- und Werbekunden.

Karen Schulz ist seit 14 Jahren als freie Foodjournalistin, Rezeptentwicklerin und Buchautorin für Verlage, Zeitschriften und PR-Kunden aus Deutschland und Europa tätig. Sie schreibt über alles rund um den Genuss und hat in ihrer Versuchsküche in Hamburg mit Maren Jahnke die Rezepte in diesem Buch entwickelt.

Wolfgang Kowall fotografiert seit 21 Jahren freiberuflich Food und Stillife in den Bereichen Editorial und Werbung.

Als Team haben die drei bereits für das preisgekrönte Brot- und Aufstrich-Buch *Drunter & Drüber* (ebenfalls bei UMSCHAU erschienen) zusammengearbeitet.

IMPRESSUM

© 2012 Neuer Umschau Buchverlag GmbH, Neustadt an der Weinstraße

Rezepte: Maren Jahnke und Karen Schulz, Hamburg
Text: Karen Schulz, Hamburg
Fotografie: Wolfgang Kowall, Hamburg
Foodstyling: Maren Jahnke, Hamburg
Requisite: Günther Meierdierks, Hamburg
Layout, Gestaltung und Satz: Tina Defaux, Neustadt an der Weinstraße
Gestaltung des Umschlags: Groothuis, Lohfert, Consorten, Hamburg
Lektorat: Vanessa Herzog, Neustadt an der Weinstraße
Herstellung: Birgit Wucher, Neustadt an der Weinstraße
Reproduktion: Reprotechnik Fromme, Hamburg
Druck: NINO Druck GmbH, Neustadt an der Weinstraße

Printed in Germany
ISBN: 978-3-86528-749-6

Besuchen Sie uns im Internet
www.umschau-buchverlag.de